I0798734

¡FESTIVIDADES!

EL JUNETEENTH

por Lily Austen

TABLA DE CONTENIDO

tadpole en español

PALABRAS A SABER

banderas

comida

desfile

familia

me divierto

música

JUNETEENTH

¡Es Juneteenth!

Veo a una familia.

Veo comida.

Veo banderas.

Veo un desfile.

Veo un baile.

Escucho música.

¡Me divierto!

¡REPASEMOS!

Juneteenth es el 19 de junio. Celebra la libertad de los estadounidenses de raza negra. ¿Cómo está celebrando esta familia?

ÍNDICE

HOLIDAY FUN!

JUNETEENTH

by Lily Austen

TABLE OF CONTENTS

tadpole books

WORDS TO KNOW

family

flags

food

fun

music

parade